# 花開く日々

## 私が続けている明るい介護とボランティア

清水 益女
SHIMIZU Masumi

文芸社

# まえがき

この本は、私の自分史であると同時に、二十七年にわたって夫の介護を続けてきた介護史でもあります。介護のことがこの本の大部分を占めています。

二十七年前（一九九六年・平成八年）七月に夫が脳出血で倒れて以来、私は介護を続けてきました。

当時六十二歳だった夫は令和五年で九十歳になり、五十六歳だった私は八十四歳になりました。

長い介護生活は今も続いています。

私は自分が介護していることを外ではあまり話さないので、今の状況を知らない人がほとんどです。

一部の知っている人からは「えらいね（大変ですね）」と言っていただくことも

ありますが、実際に体験した人でないと、どういうことをしているのかは想像できないと思うので、「うん、えらいよ」と返答しています。

二、三年前に、私よりうんと若い人で、ご主人が癌《がん》になって退院してきたという方が、「清水さん、介護ってえらいよね」と言われました。

「そりゃあ、元気な人と一緒にいるよりはえらいわよ。だけど私は二十何年もやってきて、今でも元気で、こうやって介護を続けているのよ。あなたは一からのスタートやね。覚悟を決めて、前を向いて歩いていってね」と励ましました。

介護というと、辛い、きつい、苦しい……といったマイナスのイメージがあります。もちろん、そういう部分がないとは言えませんが、介護する人の気持ちが前向きであれば、何とかなるものです。

暗いイメージのある介護を少しでも明るいものにするのは、介護する側の気持ちの持ち方にかかっています。

かく言う私も正直に申し上げれば、夫が倒れたとき、私一人でこれからどうやって介護していったらいいのかと不安もありました。

でも、「くよくよするのはよそう。この生活が私の生活なんだ。二人三脚、お互い様。介護される側も介護する側も大変だけど、一緒に頑張ろう」と思えるようになってからは、気持ちが楽になりました。

人様にはお話しできないくらい、夫に対してやらなくてはならないことがたくさんありますが、私はこの生活が私たちの生活なのだと思って頑張っています。

今は介護サービスもありますから、要介護度に応じたサービスも受けられるので、受けられるサービスは積極的に利用するのも良いと思います。

私の介護体験を綴ったこのささやかな本が、いま介護で大変な思いをしておられる方や、これから介護をしようとしている方のお役に少しでも立つことができれば幸いです。

清水　益女

◉目　次


まえがき　3

第一章　夫の脳出血、即入院　13

交通事故　14

前兆はあった！　16

たくさんの後遺症　18

ナップザックを購入　20

第二章　夫のリハビリ開始　23

まずは言葉の回復訓練から　24

簡単なゲームを楽しむ　25
歩行のリハビリも成功　27
カラオケは失敗　28
三度の食事は時間を守って　29
少しずつ行動範囲を広げる　31
小旅行を楽しめるまでに　33

## 第二章　追想（倒れる前までのこと）　37

私の生い立ち　38
父のこと　39
習い事の日々　41
結婚するなら……　43
夫のひと言　45

言葉も桑名弁に　47
息子の自立　48
義父を引き取る　50
息子の結婚　52
内孫の誕生　53
カーネギーホールで「第九」を歌う　55
娘の結婚　56

## 第四章　生きる喜び　59

孫は元気のもと　60
海外旅行を楽しむ　61
じいちゃん、ばあちゃん　65
ＪＡＬのＰＧサービスを利用　66

孫とニースに行く　67
セシルの思いやり　69
趣味を楽しむ　71

## 第五章　いきいきボランティア　75

ストレスを発散　76
困っている人を手伝いたい　77
ボランティアを始める　78
手に負えない女性　80
その方の心に寄り添って！　81
ドリルの丸つけ（採点）／子どもたちの見守り　84
「ふれあいセンター」でも始める　85
傾聴ボランティアは五十年前から　87

楽しくなければ続けられない　89

第六章　ああ、大腿骨骨折　93

原因不明の骨折　94
施設には絶対入れたくない　95
退院後は生活が一変　97
要介護3から4に　98
急を要するときに使えないなんて……　100
上手に立てる方法を発見　101
できるだけトイレで用を足したい　102
遠慮はいらないのに……　104
ケアマネさんに感心される　106
顔まわりの手入れ　107

第七章　モットーは〝明るい介護〟　111
生活は規則正しく　112
飲み薬について　116
「めまい」に効く薬はない　118
息子のサポートに感謝　120
不眠症は相変わらず　122
私の体もボロボロ　124
どうしても立ちたかった最後の舞台　126
おわりに　129

# 第一章

## 夫の脳出血、即入院

## 交通事故

一九九六年（平成八年）の七月二十二日の昼頃のことでした。

「頭痛がする！」

と夫が言うので、風邪ではないかと思いましたが、風邪にしてはちょっと様子が変なので、夫の運転する車に私も付き添って乗り、病院に向かいました。

途中、赤信号のところで夫が車を止めないので、

「ブレーキ、ブレーキ！」

と私は言ったのですが、夫は「踏んでるよ」と言いながら、そのままズルズルーっと前方の車にぶつけてしまいました。

私が運転できていたらブレーキを踏むこともできたのですが、私は免許をもっていません。結局、接触事故になってしまいました。

相手の方に謝り、すぐに警察と救急車に電話をしました。

駆け付けてきた交通課の課長に「前方不注意だったんじゃないのか」とか「本人が、頭が痛いと言っとるやないか、ハンドルに頭をぶつけたんと違うか」「シートベルトをしていなかったんじゃないか」などとひどく叱られ、怖い思いをしました。もちろん二人ともシートベルトはしっかり締めていましたし、夫はハンドルに頭をぶつけたわけでもありません。

夫は何が何だかわからないといった感じで、すっかりパニックになり、そのまま救急車で病院へ搬送されました。

診断の結果、脳出血とのことで即入院することになりました。

脳外科の担当医がおっしゃるには、事故のあったときにすでに脳出血を起こしていたとのこと。たしかに言われてみると、そうだったのかもしれません。普通だったら赤信号のときは必ずブレーキを踏んで止まるはずですが、止まらなかったということは踏み方が弱かったのでしょう。

脳出血の原因がわからず、入院中、先生方は様々な検証をしておられましたが、「原因究明も大事だが、まずは病気を治すことのほうが大事」と言って、治療に取り組んでくださいました。

## 前兆はあった！

振り返ってみると、前兆がなかったわけではありません。倒れる一週間くらい前に車の接触事故を立て続けに三回も起こしていたのです。

あとで知ったのですが、本人はどうも目が見えにくいということで、眼科で診《み》てもらったそうです。そのとき医者に「脳が原因の視野欠損だから脳外科で診てもらうように」と言われたそうですが、自分としては元気だったので、たまたま当たったんやろう、くらいにしか思わず、脳外科にも行ってなかったというのです。

そんなことがあったなんて、私には一言も話してくれなかったので、保険会社から届いた請求書を見て、初めて知ったのでした。

「三回も当ててるけど、どうしたん？」

「なんか知らんが、目がちょっとおかしかったんやろうな」

そのときは、そんな会話で終わりました。

「頭が痛い」と言って、私と一緒に病院に行ったのは、それから数日後のことでした。

それまでに何回か接触事故を起こしたことを私に話してくれていたら、すぐ脳外科に連れていったのにと悔やまれましたが、後の祭りでした。

夫は会社に勤めている頃は血圧が少し高めで薬を飲んでいましたが、退職してからは正常になったということで薬をやめていました。それも良くなかったのかもしれません。

事故後、車が接触した相手の方（若い女性）には保険会社が対応してくれていましたが、こちらの誠意を見せたくて、教えていただいた住所をたよりに、毎日お詫びに行きました。でも、いつも留守でした。

あとでお聞きしたところ、仕事は一週間も休めば大丈夫とのことでしたが、事故の翌日から出勤していたそうです。

大したことがなくて安心しましたが、その方とは車の保証や示談のことなどについて長く話し合い、なんとか合意点を見出しました。そのあとは保険会社におまかせしたのですが、申し訳ない気持ちでいっぱいでした。

## たくさんの後遺症

処置が早かったのと先生方の懸命な治療のおかげで、夫の脳出血は大事には至らず、「安定している」とのことで、それから約一か月半後の九月五日に退院することができました。

退院できたのは良いのですが、後遺症は左記のとおり、一つや二つではありませんでした。

〈脳出血後の後遺症〉

・左側頭葉内脳出血
・右下肢運動障害
・右視野欠損
・左上下肢体幹機能障害
・肛門括約筋不全

ほかにも前立腺肥大、緑内障、白内障などがあり、年を重ねるごとに老人特有の病も次々と出てきました。

退院のとき、先生から「ご主人は六十二歳ですが、八十二歳と思ってください」

と言われました。あとになって、その意味がよくわかりました。

退院まで漕《こ》ぎつけたのは良かったことです。でも、何よりもショックだったのは、話すことも歩くこともできなかったことでした。

これから始まるリハビリと、それを補佐する私の役目に重い責任を感じながら、先生が説明されることを一言も聞き逃さないように耳を傾けました。

## ナップザックを購入

夫が倒れたとき、これからどうしようと不安になりました。それまで夫に頼っていたこともあります。そんな状態で、どうやって面倒を見ていけばいいのかとはじめは悩みました。でも、私がやるしかないと自分を奮い立たせ、できることから始めることにしました。

リハビリのために毎日病院に連れていかなくてはならないので、まずナップザックを買いました。介護用の着替えなどを入れるためです。手提げバッグだと手がふさがってしまい、とっさの事態に対応できないので、両手を空けておくためにはナップザックが便利です。

リハビリのために毎日病院に通うのは、私が車を運転できないのでタクシーを使っていました。介護保険制度がスタートしたのは二〇〇〇（平成十二）年ですから、当時はまだタクシーにしても割引のサービスがなく、すべて自前でした。それも毎日のことになると大変な額になります。

病院への送迎のために他人様に迷惑はかけたくないので、リハビリの先生に「毎日は大変です」と伝えると、「家でもできるリハビリですから、毎日が大変だったら病院に来るのは週一回でも良いですよ」と言ってくださったので、その後は自宅でリハビリをすることにしました。

幸い、夫が入院している間に、病院内のリハビリセンターのような場所をよく見学していたので、だいたいの要領はわかっており、それからは自宅でのリハビリが中心となったのです。

# 第二章

# 夫のリハビリ開始

## まずは言葉の回復訓練から

まずは言葉と歩行の回復訓練が必要でした。

言葉のほうは私が絵本を見せながら「わかる?」と聞いて、うなずくと「じゃあ、言ってみて」と発声を促すやり方で進めました。

最初の頃は、夫としてはわかるけれども言葉がなかなか出てこなくてじれったそうでした。でも繰り返し根気よく続けているうちに、だんだん出てくるようになりました。

ほかには「パ・タ・カ・ラ」「アイウエオ」など、リハビリのときによく行われる口腔《こうこう》体操を行いました。いろんな練習材料を使って大きな声で言う練習です。声を大きく出すことによって喉の筋肉が柔らかくなります。

また、小学一年生から三年生くらいのドリルを使って書き取りもしました。握力がほとんどなかったので、ペンを握って書くことで少しでも握力をつけたいと思ったからです。

並行して童話などを読む練習もしました。

病院での限られた時間内でやるのと違って、家ですから自由に何回でも繰り返し練習できます。

## 簡単なゲームを楽しむ

夫も嫌がらずにやってくれましたが、勉強ばかりでは嫌になると思い、ゲームをやってみました。

握力がないためにトランプは数枚しか持てないのでやめて、ほかにできそうなことをいろいろ試してみました。その中で長く続いたのが「オセロ」でした。といっても子どもが遊ぶ絵合わせのような簡単なものでしたが、夫はこれが気に入ったらしく、繰り返ししていました。

また、「魚釣り」遊びなどもしました。小さな釣りざおに紐《ひも》で磁石を吊《つ》るして、クリップをつけた小さな魚たちを釣り上げる遊びですが、握力の訓練にもなりました。

できるだけ指を使わせたいと思って、着るものもボタンで留めるものばかり着せていました。素材は肌触りが柔らかく、吸湿性にすぐれた綿素材のものを着せるようにしていました。

接骨院で夫が難儀してボタンを留める様子を見ていたまわりの人たちが「そんな面倒なものでなく、今はかぶって着られるものがありますよ」と言われました。

でも、私としてはリハビリのつもりで、あえてボタンを留めるものにしていたのです。

## 歩行のリハビリも成功

歩行のリハビリは、私がその頃ボランティアをしていた作業所の職員の方から、「清水さん、こういう運動があるので、お金は少しかかるのですが、行ってみませんか」と教えていただき、やり方を習いに行きました。

足の悪いお子さんの足をまっすぐにさせるやり方でしたが、それが夫のリハビリに大変役立ちました。

医師に頼らずに毎日繰り返し訓練した結果、言葉も歩行も二か月くらいでクリアできました。夫の回復した姿を見て、近所に住んでいる夫と仕事関係で知り合いの方が、

「なあ清水さん、歩けるようになったのも話せるようになったのも奥さんのおかげですよ。ありがたいと思わんといかんよ」

と言っていました。もちろん、私だけの力ではなく、夫の頑張りがあってこそだと思っています。

夫が倒れてから私が介護をしているのを見ていた娘は、すぐにヘルパーの資格を取りました。義理の両親のどちらかが倒れたら、自分が介護しなければならないと思ったのでしょう。

## カラオケは失敗

言葉も出るようになったし、歩けるようにもなったので、ある日、「カラオケにでも行ってみる?」と夫に声をかけてみました。

「行ってみようか」と言ったので、近くのカラオケボックスに行ってみることにしました。

夫は元気なときは一人でもよく行っていました。気晴らしになればと思って行ったのですが、いざ曲が始まり画面に文字が流れはじめると、流れが速くてついていけないのです。

その後、二、三回行きましたが、「もう一回、行こうか」と聞くと、「やっぱり歌えんし、もうええわ」と言ったので、それからはやめました。

言葉のリハビリになると思ったものの、夫には悪いことをしたと思いました。話すことに自信をなくすのではないかと心配もしました。

## 三度の食事は時間を守って

肛門括約筋不全の後遺症があるため、食事はきちんと時間を決めてとるようにと先生に言われていました。なので、三食とも時間を守って食べさせました。

朝は七時頃、昼までの間にコーヒーや紅茶にお菓子や果物を少し。正午頃に昼食、午後六時から七時に夕食という具合です。

おかずは五品くらい。それに汁を足すと六品になります。

量は少しずつですが品数を多くし、脳を活性化すると言われる緑黄色野菜（トマト、ホウレンソウ、かぼちゃ、オクラなど）や大豆製品（味噌《みそ》、納豆、豆腐など）、青魚などをできるだけ食卓にのせるようにしました。

私は野菜炒めにしても肉炒めにしてもトマトと味噌の味をよく使っています。湯むきしたトマトは水分が多いので油少なめでこってりしないように炒めます。

味噌は味噌汁にはあまり使わず、他の食材と合わせて味付けによく使っています。牛乳は下痢をするので、代わりにチーズをよく使います。さつまいも、ねぎ、きのこ、かぼちゃ、ピーマン、ニンジン、大豆などにはチーズを入れてグラタンのようにして朝から食べてもらうこともあります。

朝は起き抜けなので口の中が気持ち悪いのか、「これはいらん、あれはいらん」と言うことがあります。そんなときは、材料をみんな入れて、おじやみたいにします。そしたらみんな食べてもらえると思い、いろいろなものを煮込んでいます。

味付けも同じものでは飽きるので、カレー味にしたり、コンソメ味、しょうゆ味……と、そのときの食材によって考えます。

そして食後は一、二時間、いろいろな会話をするようにしました。この習慣も今なお続けています。

私は子どもの頃から体が弱くて、長生きできないだろうと言われていました。でも、夫が倒れてからは療養中の夫と同じものを食べるようになったことや、私自身、頑張らなくてはという気持ちになっていたこともあるのでしょうか。私の体はとても元気になりました。病気のほうが逃げていったのですね。

「じいちゃんのおかげや」といつも言っています。

## 少しずつ行動範囲を広げる

夫は歩行に自信がついてくると、少しずつ散歩をするようになりました。まずは近辺から始め、徐々に距離を延ばしていきました。転ばないように歩きやすい靴を履き、一歩ずつ踏みしめるようにして歩いていました。

また、バスに乗れるようになると、最初は二人で近いところに出かけました。慣れてくるとだんだん長時間乗るようになり、百貨店やショッピングモールなどへも行きました。その頃になると一人で図書館へ行ったり銀行や郵便局にも行ったりできるようになり、単独での行動範囲も広がりました。

一人で銀行や郵便局へ行くのは良いのですが、ＡＴＭの操作ができるかどうか心配でした。でも、時間はかかりましたが、それもできるようになり、本人もできることが増えて、いろいろなことに自信がついてきたようです。


こんな失敗もありました。夫が歩けるようになって、二人で電車に乗って百貨店に買い物に行ったときのことです。

昼食をすませ、買い物したものを私が持って帰りの電車に乗ったところまでは良かったのですが、降りるときに買ったものをその場に置いて降りてしまったのです。

電車が発車してから荷物を忘れてきたことに気がつき、あわてて駅員さんに何時何分の電車でこうこうですと伝えて、調べていただいたのですが、残念ながら荷物は見つかりませんでした。

実は、私はそれまで大きな荷物があるときは夫に持ってもらっていました。私はいつもバッグ一つだったので、こんなことになってしまったのかもしれません。

その後はこういうことのないように、病院に行くときだけでなく、買い物のときもナップザックを背負うようになりました。

## 小旅行を楽しめるまでに

あるとき、旅行が好きだった夫に、「どこか行ってみようか。どこがいい?」と聞いてみました。

すると「京都がいい」と言うので、旅行の第一歩は京都へ食事をしに行くことから始めました。

我が家（三重県員弁郡《いなべ》）から京都へ行くには、まず桑名《くわな》に出ます。桑名から特急の関西本線で名張《なばり》か中川《なかがわ》で乗り換えて京都に行こうと思って出かけました。ところが乗り換えのとき、夫の遅い足取りでは、次の電車に間に合いそうにないのです。

発車のベルはもう鳴っていました。なので私は夫には気をつけてくるように伝え、走って乗り換えのホームに行き、ホームに立っていた駅員さんに「もう一人来ますから」と言って少しだけ待ってもらいました。すぐに夫もなんとか着いて、ぎりぎり間に合いました。

京都では楽しく食事ができました。帰りは桑名に着いたあと、夫をあまり歩かせてはいけないと思い、そこからタクシーで帰宅しました。

京都のほかにはお伊勢さんに行ったこともあります。あちこち日帰り旅行を楽しむようになりました。でも、一番多く行ったのは京都でした。

京都には食事をしに行くほか、毎年桜の時季にはお花見に、紅葉の時季には紅葉《もみじ》狩《が》りに行っていました。それらのシーズンは観光バスで道がいっぱいだったので、京都駅からタクシーに乗り、お任せで流してもらいました。お食事の場所も運転手さんにお任せし、美味しいお店を案内してもらったことも楽しい思い出です。

## 第三章

# 追想（倒れる前までのこと）

# 私の生い立ち

私は一九三九（昭和十四）年十一月二十四日に、兵庫県加古川市《かこがわ》で生まれました。兄三人、姉二人、妹と私の七人きょうだいで、私は下から二番目でした。男の子も女の子もみんな「一文字」の名前でしたが、なぜか私だけ「益女《ますみ》」と二文字の名前です。

祖父は宮大工でした。加古川の駅から自分の家までがすべて所有地でしたが、町に寄付をし、「みんなが通るときに遠慮することのないように」との思いで、みんなで共に幸せに過ごせるようにと「共栄町《ともえちょう》」と命名していました。祖父はそんな人でした。

その後、市になったので、その町名はなくなりました。

祖父には子どもが三人（長男・長女・次男）いました。私の父は次男です。長男は町会議員（のちに市会議員）に、次男（私の父）は技術者になり、二人とも宮大工は継ぎませんでした。

町会議員をしていた長男（父の兄）が、ある人の連帯保証人になり、気軽に印鑑を押したために莫大な借金を背負ってしまいました。町会議員の報酬だけではとても払っていけないということで、父が働いて肩代わりをしたそうです。

父の革のスーツケースに領収書がいっぱい入っていて、「こんだけ借金を払ってきたんや」と母に見せながら言ったことがあるそうです。

## 父のこと

父は紡績会社で紡績機械の図面を描いていました。転勤が多かったのですが、一家で行ったのは三重県だけで、あとは単身赴任で愛知県など転々としていました。私の記憶では、父は若い頃はほとんど家族と一緒に過ごすことがなかったように思います。

父は社員時代に特許をいくつも取得していましたが、特許権は会社のものになり、父のものにはなりませんでした。

元気でエネルギッシュな父でしたが、六十歳のときに心臓発作で亡くなりました。父の初七日は伊勢湾台風のときでした。

父は亡くなる前にしばらく入院していたので、その間、母と私が交代で介護しました。姉たちは結婚していましたし、妹はまだ学生でしたから、仕事に就かないで習い事ばかりしている私に介護の〝お鉢〟が回ってきたというかたちです。

いま思えば、私と介護との関係は十代の頃から始まっていました。父の介護は私の長い介護生活の〝事始め〟だったと言えそうです。

まだ六十歳になったばかりではありましたが、父は好きなように生きた幸せな人だったと思います。あの時代にハーレーダビッドソンを乗りまわしていたり、何かあると料理屋さんを呼んで作ってもらったり、芸者さんをあげたりと本当にぜいたくをしていました。人の一生分を生きたのではないかと思います。

父は、お茶とお花の指導ができる免許を持っていたので、「退職したら家を建てて教えたい」と言って、土地を買い、席札まで作っていました。しかし、その夢も叶わず亡くなってしまったので、そのお金は姉の結婚資金になりました。

## 習い事の日々

私が十八歳のとき、同級生はほぼ就職をしていたので、私も就職したかったのですが、父は「女の子は就職してはいかん。嫁に行くまでは習い事をするように」と言って、就職させてもらえませんでした。

働いている友達をうらやましく思いました。でも、父の言いつけに従って、習い事をする毎日でした。私だけでなく、姉や妹たちもみんな結婚するまでは、そうしていました。

私は父のすすめで子どもの頃から日舞（花柳流）を習っていました。

二十歳の頃、神戸（花隅町）の師匠の内弟子に入り、そこで本格的な指導を受けました。

その師匠は坂田藤十郎さん、阪東妻三郎さんをはじめ、芸者さんや宝塚の団員さんたちを指導していました。師匠の指導は手取り足取りの指導ではなく、師匠の技を盗むというか、そういうお稽古でした。特に立ち居振る舞いの指導を厳しくされました。

上の姉は日舞をやっていませんでしたが、兄も妹もやっていました。

私は日舞と並行して三味線《しゃみせん》、長唄、舞楽《ぶがく》も習いました。

また、和裁、着付け、編み物、お茶、お花、手芸などを習っていたので、一週間、習い事ばかりして過ごすという生活でした。

たまにお茶会があって、京都にお茶会に行くこともありました。どこへ行くにもお金は親がみんな用意してくれていました。

## 結婚するなら……

父が亡くなったあと、私はしばらく兄や姉の家に身を寄せていました。相変わらず習い事ばかりしていた私を見て、兄嫁のお姉さんが、「そろそろ結婚したほうがいいんじゃないの」と言って、縁談を持ってきました。

「結婚するなら美男子でなくて、頭がよくて、心のやさしい人、この三つの条件がそろっていたらいいわ」と言っていたら、本当にそういう人に当たりました。

結婚することになった人の職業は、たまたま私の父と同じで、機械の図面を描いているということでした。

新婚旅行のときに初めて飛行機（プロペラ機）に乗りました。三十人乗りくらいの小型プロペラ機でした。東京から名古屋まででしたが、女性が乗るのは初めてということで機長のサインをもらったのですが、どこかに紛失してしまいました。今思うと残念です。

当時は女の人で飛行機に乗る人はいなかったようです。仲人さんからは「大丈夫なの？」と心配され、周りからは「やめとけ」と反対されました。でも私は、「死ぬときはみんな一緒だから」とケロッとしていました。

結婚相手として理想の人に当たったのは良かったのですが、肝心のお給料のことを聞いていませんでした。自分が給料をもらったことがなかったので考えの中になかったのです。生活できるからお見合いをしたのでしょうから、まあいいやと、それくらいにしか考えていませんでした。

事実、夫が勤めていたのは中小企業だったので、給料はそれほどよくはありませんでした。心配した私の母が老舗のお肉やお惣菜《そうざい》など、いろいろなものを送ってくれました。

# 夫のひと言

結婚したのは一九六一（昭和三十六）年、私が二十二歳、夫は私より六歳上の二十八歳でした。

結婚したとき主人に一言だけ言われたことがあります。それは、「甲斐性《かいしょう》なしとは言わんでくれ」という言葉でした。ですから私も、それだけは一度も言ったことがありません。

夫の実家もしっかりした家で、父親は有名私立大学を出ていました。

夫は五人兄弟の長男でした。五人とも脳梗塞や脳出血になっており、二人は亡くなっています。祖父も脳出血で亡くなったそうです。遺伝的にそういう病気になりがちな家系なのかもしれません。

遺伝といえば、私の実家は心臓病の者が多く、先ほど述べましたように父も心臓病で亡くなっていますし、私が結婚するまで世話になっていた兄も心臓病で亡くなりました。ただ、心臓が弱かったとはいえ、父以外はみんな長生きをしています。兄も兄嫁も九十六歳まで生きていました。兄嫁は晩年、認知症になっていました。

大阪の姉も九十六歳で亡くなりました。私たちが結婚した頃に住んでいた社宅が兄夫婦の家の近くだったので、私はよく手伝いに行っていました。私も姉には大変お世話になったので、少しでも恩返しができて良かったです。

姉が危篤という報せがあったとき、「会いに行ってこい」と言って、夫が家から大阪までのタクシー代を出してくれましたが、会ってから一週間後に姉は亡くなりました。姪《めい》夫婦が「タクシーでは悪いから」と帰りは自家用車で送ってくれたことにも感謝しています。

私は七人きょうだいのうちで一番体の弱い子でしたが、今では一番強く、夫が倒れてからは不整脈もなくなりました。現在も病院には定期的に行っていますが薬も飲んでいません。

ただ娘に遺伝したようで、娘は五十歳頃に発作を起こしました。間もなく落ち着きましたが、それからはあまり無理が利かなくなりました。娘は発作が起きる前までは、私たちの面倒をほんとうによく見てくれて、夫も私も心から感謝しています。

## 言葉も桑名弁に

話を戻しますと、私は、今は桑名弁を話していますが、結婚するまでは標準語を話していました。神戸のお師匠さんの内弟子に入って稽古をしていたとき、標準語でないと返事をしてくれなかったので、そこで標準語が身に付いたのです。

お師匠さん自身は関西人でした。でもなぜか弟子たちには標準語を話すように指導していました。これもお師匠さん流の礼儀作法の一環だったのかもしれません。

結婚して桑名でも標準語で話していたら、「偉そうにしている」と言われたことがあり、その土地の人になるには、言葉から入っていかなければいけないなと思って、桑名弁を覚えて話すようになりました。

はじめ、私は桑名の言葉が苦手でした。伊勢は「な言葉」で、語尾に「な」をつけて「そやなあ」と言うことが多いのですが、桑名は「ね」をつけて「そやね」と言います。その響きに慣れるまで時間がかかりました。

でも何とかして覚えなくてはと、人が話しているのを聞いて真似していたら、「あんた、どこの言葉を話しているの?」と言われたこともありました。

当初は自分でもどんな言葉が桑名弁なのかよくわからず、標準語と桑名弁がごっちゃになった言葉を話していたのかもしれません。「習うより慣れよ」で、時とともに自然に覚えて使えるようになりました。

十年くらい前までは、この桑名のあたりはどこへ行っても方言ばかりでした。近年、都会から人がたくさん入ってきて、今は標準語を話す人が多くなっています。

## 息子の自立

郵便はがき

料金受取人払郵便

新宿局承認

2524

差出有効期間
2025年3月
31日まで
(切手不要)

1 6 0-8 7 9 1

141

東京都新宿区新宿1－10－1

(株)文芸社

愛読者カード係 行

| | | | |
|---|---|---|---|
| ふりがな<br>お名前 | | 明治　大正<br>昭和　平成　年生　歳 | |
| ふりがな<br>ご住所 | □□□-□□□□ | | 性別<br>男・女 |
| お電話<br>番　号 | (書籍ご注文の際に必要です) | ご職業 | |
| E-mail | | | |
| ご購読雑誌(複数可) | | ご購読新聞<br>新聞 | |

最近読んでおもしろかった本や今後、とりあげてほしいテーマをお教えください。

ご自分の研究成果や経験、お考え等を出版してみたいというお気持ちはありますか。

ある　　ない　　内容・テーマ(　　　)

現在完成した作品をお持ちですか。

ある　　ない　　ジャンル・原稿量(　　　)

<table>
<tr><td>書　名</td><td colspan="5"></td></tr>
<tr><td rowspan="2">お買上<br>書　店</td><td rowspan="2">都道<br>府県</td><td rowspan="2">市区<br>郡</td><td>書店名</td><td colspan="2">書店</td></tr>
<tr><td>ご購入日</td><td colspan="2">年　月　日</td></tr>
</table>

本書をどこでお知りになりましたか?

1.書店店頭　2.知人にすすめられて　3.インターネット(サイト名　　　)

4.DMハガキ　5.広告、記事を見て(新聞、雑誌名　　　)

上の質問に関連して、ご購入の決め手となったのは?

1.タイトル　2.著者　3.内容　4.カバーデザイン　5.帯

その他ご自由にお書きください。

(　　　)

本書についてのご意見、ご感想をお聞かせください。

①内容について

②カバー、タイトル、帯について

弊社Webサイトからもご意見、ご感想をお寄せいただけます。

ご協力ありがとうございました。

※お寄せいただいたご意見、ご感想は新聞広告等で匿名にて使わせていただくことがあります。

※お客様の個人情報は、小社からの連絡のみに使用します。社外に提供することは一切ありません。

**■書籍のご注文は、お近くの書店または、ブックサービス(0120-29-9625)、セブンネットショッピング(http://7net.omni7.jp/)にお申し込み下さい。**

一九六一（昭和三十六）年に息子の秀史《ひでお》が生まれ、七年後の一九六八（昭和四十三）年に娘の麻里《まり》が生まれました。

父親の影響もあったのでしょうか、息子も娘も夫と同じように機械の製図を描く仕事につきました。

娘は結婚して家庭に入ったためにひとまず仕事をやめましたが、息子は二十三歳のときに勤めていた会社のイギリス支社に転勤になり、以後ずっとそこで働いてきました。二十三歳の若さで自分より年上の人たちを指導することになってしまい、大変だったようです。

夫は息子の話を聞いて、「人との付き合い方」や「日本とイギリスの国民性の違い」「イギリスの歴史」など便箋に何十枚も書いて送っていました。夫としては「秀史には何もしてやれなかった」という悔いがあったようです。

でも息子は、学生時代には海外へ遊学もさせてもらったし、父親には十分すぎるほどいろいろなことをしてもらったと言っていました。

## 義父を引き取る

一九八五（昭和六十）年頃、義父を我が家で引き取ることになりました。義母はすでにケアハウスに入っており、ほかのきょうだいの家では引き取ることが難しいようだったので、長男の夫が引き取ることにしました。

困ったことに義父は認知症で、毎日のように徘徊《はいかい》しました。

認知症は引き取った当時はそれほどひどくはなく、近隣をウロウロする程度でしたが、徐々に進行していきました。

毎朝「運動に行かんといかん」と言って、通帳をスカーフに包んで腰に巻き、出かけていきました。国鉄（現・ＪＲ）に勤めていたからか、電車に乗ってあちこち行ってしまうようになってからは目が離せなくなりました。

その頃、映画だったかテレビのドキュメンタリーだったか忘れましたが、病院に入院していた認知症の人たちの様子を紹介していたのをたまたま見たのですが、義父の行動とそっくりだったので驚きました。

徘徊も困りましたが、ズボンの中や義父にあてがっていた六畳間のあちこちにウンチをして隠すことには本当に困りました。義父の部屋が臭いので、高校生だった娘は嫌がって入りませんでした。

外から帰ってきたときなど、ズボンを見るとウンチがついていることがあり、「あら、おじいちゃん、泥がついてるよ。洗ってあげるからすぐ着替えて」と言って着替えさせ、お尻を蒸しタオルで拭いたり、お風呂場で洗ったりしていました。

高齢になると筋力が衰え、膀胱や尿道などの機能が低下するためか、トイレに間に合わなくなるのは珍しいことではありません。排泄《はいせつ》物を隠すのは認知症の人によく見られる行為だそうです。病気のせいだとわかっていても、片付ける人にとってはちょっと大変ですよね。

# 息子の結婚

息子はイギリスで「セシル」という二歳年下のフランス人女性と出会い、結婚することになりました。息子が英語の力を磨くために通っていた英会話学校に、たまたま彼女も通っていて、一緒に学んでいるうちに意気投合したようです。

セシルはお兄さんと弟さんの三人きょうだいで、ご家族はフランスに住んでいました。

息子から連絡があり、私も夫も彼女のご家族のことが知りたくてフランスに行きました。

ご両親もご兄弟もとても温かい人たちで、二人の結婚を心から祝福していることがわかり、夫も私も安心しました。

しばらくして、ご両親から結婚式の招待をいただきました。一九八九（平成元）

年六月、夫と一緒に参加した式のあとの披露宴では、みんなでワイワイ楽しくダンスをしました。踊れない人でも、その場で教えてくれるのでだれでも気軽に入ることができました。私も着物を着たまま先方のお父様や参列者の方々と踊り、日本の結婚式では味わえない異文化の風習を楽しみました。

結婚式に日本の親戚の人たちに行ってもらうのは申し訳ないので、セシルに日本に来てもらい、こちらで披露宴をしました。洋装のほかに、私の希望を聞いてくれて和装でもお披露目しました。髪結いさんに頭のサイズを測ってもらい、ピッタリのサイズのかつらを選んでもらって着けました。和装もよく似合って、きれいな花嫁さんでした。

## 内孫の誕生

一九九一（平成三）年に秀史夫婦に男の子カミュ（佳未由）が生まれました。私たちにとっては内孫で初孫でもあります。

夫はその頃はまだ元気で仕事をしていましたから、何日も休むわけにはいかないということで、私一人で初孫の顔を見に行き、一か月くらい滞在しました。息子の家は都市からやや離れた閑静なところにあり、朝は馬の蹄の音で目を覚ましました。帰ってから夫に孫の話や滞在中のことを楽しそうに話すと、「俺も孫に会いたい」と言っていました。

息子たちはカミュがまだ小さいときから、カミュを一人っ子にさせないためにいつか養女を引き取ろうと考えていたので、その後女の子を養女にもらい、家族の一員として育てました。

女の子はカミュより三歳年下で、とても長い名前です。私は言うのが大変なので略して「ミーコ」と呼んでいます。とてもかわいい子です。

## カーネギーホールで「第九」を歌う

それから四年後の一九九五（平成七）年一月十七日、阪神淡路大震災が発生し、神戸市を中心とした阪神地域や淡路島北部で甚大な被害を受けました。

私はその年の四月に予定されていた、ニューヨークのカーネギーホールでベートーベンの「第九」を歌うという世界的なプロジェクトに参加しました。

一年くらい前から日本の旅行会社がコーラスのメンバーを百名募っていたので、それに応募して歌う練習を続けていたのですが、震災直後とあって百名のメンバーのうち三十名くらいが欠席し、七十名くらいの参加となりました。大震災があったとはいえ、カーネギーホールで歌うことを楽しみに練習をしていたので、何としても行きたかったのです。その日、私はホテルで着物に着替えてパーティに出席しました。

カーネギーホールは写真で見るよりもずっと重厚で、威厳に満ちた建物でした。こんな素晴らしいところで世界各地のみなさんと「第九」を合唱するなんて、めったに体験できることではありません。とても貴重な記念になりました。

## 娘の結婚

私がカーネギーホールで歌った年の翌年の四月に、娘が結婚しました。嫁ぎ先は桑名で、我が家からも比較的近いところにありました。

娘の結婚式には息子が五歳になっていたカミュを連れてきてくれました。「孫に会いたい」と言っていた夫は、そのとき初めてカミュと対面しました。孫の成長は写真では見てきましたが、実際に会うことができて大感激。目を細めてうれしそうでした。

娘は髪型を「尾長《おなが》」にしました。尾長とは、まげから束ねた髪を長く垂らした髪型のことで、江戸時代には武家のお姫様しか許されなかったそうです。

美容師さんが「私も初めてなので写真を撮っておきます」と言って、写真に収めていました。

お色直しにはウエディングドレスを着ました。ウエディングドレスの娘を真ん中にして、夫と私の三人で撮った写真を今もリビングに飾っています。モーニング姿の夫はかっぷくもよく、とても元気に見えます。

ところが、それから三か月後

リビングに飾ってある娘の結婚式当日の写真（夫が脳出血で倒れる前の最後の写真）

の一九九六（平成八）年七月二十二日に夫は倒れてしまうのです。

父親が倒れたことを知って、三か月前の元気な父親を見ている息子はさぞびっくりしたことでしょう。

# 第四章

# 生きる喜び

## 孫は元気のもと

翌年の一九九七（平成九）年に、娘に子どもが生まれました。男の子で「裕哉《ゆうや》」と名付けました。続いて一九九九（平成十一）年に、今度は女の子が誕生しました。「優貴《ゆき》」といい、上の子とは年子でした。

二人とも私たちの家で過ごすことが多かったので、リハビリで明け暮れていた夫にとっては、とても癒しになったようです。孫たちと接しているうちに表情も明るくなり、とても元気になりました。

上の子のオムツが取れるようになってからは、三人で鳥羽《とば》へ一泊で出かけました。夫も孫もとても喜んでくれて楽しい旅でした。

下の子のオムツが取れてからは、夫と私、娘の子ども二人との四人で三重県にあるテーマパーク志摩スペイン村へ行ったり、あちこちに出かけたりしました。二人はどこへ行くにもパパやママの車でしたから、電車に乗ったことがなかったので、とても喜んでくれました。

## 海外旅行を楽しむ

孫たちとあちこち小旅行をするようになってから、夫も外出することに自信がついてきたのか、海外へも行きたいと言

夫が脳出血で倒れてから初めてのイギリス旅行。幼少期のカミュに会う

うようになりました。夫は孫のカミュに会いたくて仕方がなかったのです。

脳外科の主治医の先生に海外旅行をしてもいいかどうか尋ねると、「家にいるときでも具合が悪くなるときは同じだから、行こうと思うときに行ったら良いですよ」と言ってくださったので、さっそく息子に連絡して二人で行ってきました。

娘の結婚式から二年ぶりの再会。カミュは七歳になっていました。そのときも一か月ほど滞在しまし

脳出血後２回目の渡英（ラベンダー畑）

た。

その後、息子の家には夫と一緒に四回くらい行ったでしょうか。

滞在中、息子の家を拠点にして、オランダ、ベルギー、ドイツなど周辺の国々に連れていってもらいました。

オランダに行ったときは、ちょうど花祭りをやっていました。チューリップやいろいろな花で飾られた何台もの山車《だし》が市中をパレードして、ほんとうにすばらしかったです。

夫は気候や生活様式が違うので、体調に少し不安があるようでしたが、できるだけ体に負担がかからないようにと、歩くところの少ない場所を選ぶなど息子が配慮してくれました。

また、カミュが成人してからドイツのお城に行ったときは、坂道をのぼるのに彼が夫をおんぶしてくれました。

いつも休憩しながらではありましたが、息子や孫と旅をすることができて幸せでした。こうした一つひとつの思い出は、私たちにとってかけがえのない宝物となっています。

セシルはフランス人なので母国語はフランス語ですが、イギリスに住んでいるので秀史の家では会話は基本的に英語のようです。ですからカミュは英語もフランスも話せます。それに日本語も達者です。

カミュとしゃべっていれば、そのうち日常会話くらいの英語は話せるようになるかと思っていたのですが、私が英語を覚えるよりも、カミュが先に日本語を覚えてしま

脳出血後３回目の渡英、息子一家と渡独。カミュにおんぶしてもらった

ったので、私の英語の勉強はストップしてしまいました。

英語といえば、私たちが出す手紙は日本語のものばかりです。それではセシルも張り合いがないと思って、辞書を引きながら英語で手紙を二、三回出したことがあります。文法が間違っていたかもしれませんが、こちらの気持ちは通じたのではないかと思います。

## じいちゃん、ばあちゃん

孫ができてからは、孫はもちろん、私たちも自分のことやお互いのことを「じいちゃん」「ばあちゃん」と呼ぶようになりました。

そう呼び合うことで、面白いことがありました。息子の案内でオランダに行ったときのことです。孫と私が展望台に先に着き、夫がなかなか上ってこられなくて、下のほうから「ばあちゃん、ばあちゃん」と呼ぶのです。

夫の年齢より2世代上であるはずの「ばあちゃん」ですから、近くにいた日本人観光客さんたちは、どれほどのおばあさんが来ているのかと周りを見回したところ、そのばあちゃんが私だと知って、笑っていました。

夫はデイサービスに行っていても、わからないことがあるときなどは、「ばあちゃんに聞いてみて」と言っているようです。ヘルパーさんが私に、「ご主人が『ばあちゃん、ばあちゃん』と言っているのですが、清水さんのところにはたしか、おばあさんはいなかったはずですが……」と不思議そうに言うのです。

「それ、私のことです」と言うと、「まあ！」と笑っていました。

## ＪＡＬのＰＧサービスを利用

海外旅行ができるまで元気になったとはいえ、脳出血で倒れた体ですから、年を重ねるごとに歩くのが辛くなってきていました。そういうときにＪＡＬのプライオリティ・ゲストサービスがあることを知り、それからは利用するようになりました。

プライオリティゲスト（priority guest, ＰＧ）とは、高齢者、妊婦、病気、怪我をしているなどの利用客のことで、ＪＡＬは一九九四（平成六）年にＰＧセンターを日本で最初に開設し、ＰＧのサポートをしています。

団体旅行ではないので入国のときに時間がかなりかかりますが、荷物も空港の方が全部運んでくれるので、往復がとても楽になりました。

## 孫とニースに行く

二〇一四（平成二十六）年に、孫のカミュからニースで仕事をしているという連絡がありました。

ニースといえば、フランスではパリにつぐ観光都市で、美しいビーチが特に人気です。

私もこの機会にぜひ行ってみたいと思い、夫と一緒に行く段取りをしていました。ところが直前になって、夫は「99・9%行けそうにない」と言うのです。チケットも買ってあるし、私一人ではもったいないので、高校生になっていた孫（裕哉）を誘ってみたところ、カミュにもう一度会いたいし、ちょうど休みも取れるというので、「じゃあ、一緒に行こう」ということで、二人で二週間ほどニースに行ってきました。

その間、娘に家に来てもらって夫のことを頼みました。海外旅行に限らず、私が留守のときは必ず娘に来てもらっていました。娘がどうしても来られないときは食事を作っておくと自分でチンして食べてくれていました。

久しぶりに会ったカミュは仕事で忙しそうでしたが、私たちとの再会を喜んでくれました。カミュはフランスで柔道をやっていました。今は日本料理の料理人をしています。

ミーコは装飾関係の学校を出て、デザイン関係の仕事に就いています。二〇二三

（令和五）年の秋に日本に来たときは、我が家にも寄ってくれました。

## セシルの思いやり

夫が倒れてからは、息子や娘たちとはパソコンでメールのやり取りをしていました。年賀状も私がパソコンで作っていました。

パソコンは息子が買ってくれたのですが、あとで聞いてみると、セシルが「おばあちゃんに買ってあげて」と言ってくれたようです。セシルは自分の両親だけでなく、私たちのこともとても大事に思ってくれます。

夫がだいぶ歩けるようになって、「孫の顔を見たい」というので連れていったときも、セシルが息子に、「おばあちゃんたちに旅費を出してあげて」と言ってくれたそうです。

夫は八十歳になる前くらいは比較的元気でしたので、孫に会うのを楽しみに四、五回は二人で行ってきました。しかし、八十歳を過ぎた頃から体力的に難しくなってきたようです。

それまで息子たちは二年に一度は日本に来ていました。「私たちが一年ごとに行けば毎年会えるね」と言っていたのですが、息子たちが来てくれるのを待つようになりました。

息子たちが最初に来たときは高《こう》野山《やさん》に一泊し、京都をまわってきました。そのときは、息子がレンタカーを借りて、私たちをあちこち連れていってくれました。

一時帰国の息子一家と京都旅行

## 趣味を楽しむ

私は子どもの頃から日舞（日本舞踊）をやっていて、二年ごとにある大きな舞台には必ず出演していました。毎回、衣装代、着付け代、かつら代、お師匠さんへのお礼など、諸経費を含めると一回の舞台で数十万円はかかっていました。

また、私は子どもの頃から馬に乗りたかったのですが、日舞のお師匠さんに「女の子が馬に乗るとガニ股になって、踊りの足が汚くなる」と言われ、諦めていました。

でも、どうしても諦めきれず、夫に「乗馬を習いたい」と言うと、あっさり「行ってもいいよ」と言ってくれたので、五十歳近くになってから乗馬クラブに通うようになりました。せめて道を馬に乗って歩くライセンスだけは欲しかったので、それを取得することができて満足です。

日舞にしても乗馬にしても、私が頼むと夫は一言も文句を言わず、お金を出してくれました。私の実家では父もいろいろな趣味を持ち、兄弟姉妹もみんな習い事をしていたので、そういう家で私が育ってきたことを知っていたからでしょうか。

「借金してまではさせてやれないが、自分ができる範囲でやるなら、やってもいい」という気持ちだったのかもしれません。

夫の寛大さに甘えて私は好き放題、好きなことを楽しませてもらいました。

夫は私のことを理解してくれるので、一緒にいられるのでしょう。

外孫の裕哉の運転で連れていってもらった京都旅行（天龍寺）

夫が電車での外出が困難になった頃、孫が成人し、今度は孫が私たちを京都に食事に連れていってくれました。しかし二〇一九（令和元）年末頃からコロナ禍になり、コロナが落ち着くまでは、どこへも行けなくなりました。

オムツをしている頃から一緒に過ごすことが多く、いろいろなところにも一緒に行っていた孫は二人ともとても優しい子で、私たちのことをいつも気にかけてくれます。

# 第五章

# いきいきボランティア

## ストレスを発散

どんなにきれい事を言っても、家の中で介護をしていると大なり小なりストレスが溜まります。私の場合、ボランティアをさせていただくことでストレスを発散しています。

楽しいボランティアは気分転換になり、気持ちをとても楽にしてくれています。

私はボランティアを通して、赤ちゃんからお年寄りまでお友だちになりました。皆さんから元気をいただいています。

この章では私が関わってきたボランティアについて、少しお話ししたいと思います。

## 困っている人を手伝いたい

私は子どもの頃から人のお世話をするのが好きでした。人間が好きというか、困っている人を見ると手を差し伸べたくなるのです。人から助けを求められれば放っておけず、自分のできる範囲で助けてあげたくなります。逆に、間違ったことをしている人には注意したくなります。見て見ぬふりができないのです。

私だけでなく、わが家はみんなボランティアをしていました。両親もしていましたし、すぐ上の姉も心臓の病気がありながら、老人会の炊き出しなどのボランティアをしていました。

夫も仕事をしていた頃、四年間ボランティアをしていました。そして、「退職したら海外に行ってボランティアをしたい」と言っていましたが、倒れたためにその希望は実現しませんでした。

## ボランティアを始める

私たちは一九七八（昭和五十三）年に、今の家に引っ越してきたのですが、私はまず社協（社会福祉協議会の略称）の会長さんのところに行って、「何かボランティアをさせてもらうことはありませんか」とお聞きしました。しかし当時はそういったものはないようでした。

かつてボランティアというものは一般的ではなかったようで、社協の会長さんでも知らなかったようです。

社協とは、民間の社会福祉活動を推進することを目的とした営利を目的としない民間組織のことで、一九五一（昭和二十六）年に制定された社会福祉事業法（現在の「社会福祉法」）に基づいて設置された組織です。

地域の困ったことは、ここの会長さんのところに持っていけば早く動いてくれます。伝えないと社協のほうでも気がつかなくて、解決が遅れます。

それから間もなくして障害者のための施設ができたので、そこへ行ってボランティアをさせてもらえないか聞いてみました。

作業所の人はボランティアに来てもらうという考えはもっていなかったということで、私が突然行ったとしてもどんなことをしてもらったらいいのかわからないようでした。そのため、しばらく私の動きを見たうえで、受け入れるかどうか決めることになりました。

まずは、私が試験的にやることを見ていて、「それはダメ」とか「それはいい」などの判断をしてもらいました。例えば、車椅子などをずっと押していると、「それはしないでください」とか、何か手伝おうとしても、「それはいいです。この人、自分でできるから」といった具合に、その都度いろいろ教えてもらい、ボランティアがお手伝いできる範囲がわかってきました。

しばらくして、これは使えると思ってくれたのでしょうか、受け入れていただきました。

## 手に負えない女性

この施設の利用者は、障害者の学校の高等部を出てから入る子もいれば、一般の中学校を出てから入る子など、年齢も性別も障害の種類や程度もさまざまです。

私がボランティアを始めた頃は、利用者は十六人でしたが、だんだん増えて今は四十~五十人います。これだけ大規模でやっているところは全国でも少ないらしく、他県からも多くの人がよく見学に来ています。

以前、この作業所に、暴力をふるうので職員のだれも手が付けられない女性が一人いました。年齢は二十五歳くらいだったでしょうか。職員さんたちも手をやいていて、「清水さん、悪いがこの子をみてもらえませんか」と頼まれました。

その女性は手をとろうとすると、両手でたたきます。両手を押さえると、今度は足で蹴ってきます。その足を押さえて止めると、今度は唾を吐く始末。ほんとうに手に負えない方でした。

彼女がなぜあんなに暴力をふるうのか、何か原因があるのではないか。私はその原因が知りたいと思いました。

## その方の心に寄り添って！

こんなこともありました。

「見えない、聞こえない、話せない」という三重苦の男性がいて、職員さんたちも指導に困っていたらしく、「清水さん、あの子をみてやってくれませんか」と頼まれたのです。

びっくりしたことに、彼は、教えたことは一回で覚えてしまうのです。とても勘が鋭い。私のことも気に入ってくれたようでした。

そこで私は、彼に私だとわかってもらうためにはどうすればいいかと、いろいろ考えて、私用の指輪を作ることを思いつきました。私がその指輪をはめておけば、「清水さんや」とわかってもらい、安心してくれると思ったからです。

指輪の効果は抜群でした。すぐに相手がだれだかわかると安心するようで、私が一緒だと、歩くのもほかの方と同じように普通に歩いてくれました。

「あの子は清水さんと一緒だと普通に歩くんですね。僕たちとはちゃんと歩いてくれないのに。今度出かけるときも来てくれませんか？　交通費はうちで出しますから」と言われ、その日はお弁当も出してくれて、彼に付き添って行ってきました。

不幸にして三重苦を負って生まれてきた方ですが、鋭い勘と繊細な心を持っていました。

彼のお世話をしながら、私はヘレン・ケラーのことを思い出していました。ヘレン・ケラーもその方と同じように三重苦がありながら、世界各地を訪問し、障害者の教育や福祉の発展に尽くしました。多くの障害のある人や福祉関係の仕事をしている人たちに希望を与えたので、「光の天使」と呼ばれたそうです。

どの人がどんな可能性を秘めているかわかりません。彼と一緒にいると、私はいろいろなことを考えさせられました。ヘレン・ケラーのようにはいかなくても、彼も「光の天使」であることは間違いありません。

そこでのボランティアは、気がついたら三十年が経っていました。職員さんたちとは顔見知りになり、みんな知っている人ばかりです。私のほうが今の職員さんたちよりも長いので、職員さんが知らないことで私が知っていることがたくさんあります。

三十年の間に、利用者のお母様方とも信頼関係ができてきました。
「○○さんのお子さんだけでなく、うちの子もみてほしい」とか、「だったら、うちの子を先にみてほしい」などと〝私の取りっこ〟をしていたお母様方もいました。
私としてはどの方も同じようにお世話をしたいのですが、体が一つ。そういうわけにもいきません。でも、お母様方のお気持ちはボランティア冥利に尽きるもので、ありがたいと思いました。

## ドリルの丸つけ（採点）／子どもたちの見守り

作業所のボランティアと並行して、子どもたちの宿題（算数と国語）のドリルの丸つけのボランティアをしたこともあります。

子どもたちの学力のレベルアップをはかるために、教育委員会が十六年間続けているドリルがあるのですが、その丸つけをするのです。

ただ、その教育委員会の丸つけの場所はバスで行かなくてはならないところにありました。夫のことも心配で、今後はどうしようかと思っていたとき、西小学校の校長先生から西小学校での丸つけにお誘いいただきました。西小学校なら近いのでバスに乗らなくても行けるし、昼前までの時間なら夫を寝かせておいて協力できそうなので、お手伝いをすることにしました。

また、「見守り」のボランティアは今でも続けています。「見守り」とは具体的に言うと、朝、子どもたちを小学校まで送っていくボランティアです。子どもは十人のグループと二十人のグループの班に分かれていて、それぞれの班にボランティアさんが付き添っていくのです。

見守りの所要時間は三十～四十分。朝、子どもたちを見守ってその時間歩くのは、私にとっても良い散歩になりました。

## 「ふれあいセンター」でも始める

見守りを始めて一年後に「ふれあいセンター」（今、夫がデイサービスで行っているところ）ができたので、そこでもボランティアをさせてもらいました。まだ介護保険というものがなかった時期だったので、私は利用者さんに食事をさせたり、短パンに着替えてお風呂に入れたり、トイレ介護もしました。

その一年後の二〇〇〇（平成十二）年に介護保険制度ができたので、専門のことは専門の人たちがやるようになり、ボランティアはお茶を出したり、お風呂から出た人をバスタオルで拭いて、髪を乾かしてあげたり、そういうお手伝いをするようになりました。

ふれあいセンターでは、こんなことがありました。

センターでの食事にクレームが出たことがあるのです。社協さんが雇っていた業者さんからほかの業者さんに変わったときに、おいしくなくなってしまい、このままではとてもたまらないということで、みんなが私に社協と交渉をしてほしいと言うのです。頼まれれば断れないのが私です。みんなを代表してトップと交渉し、この件は解決しました。

ボランティアとしては、丸つけを五〜六年、見守りも五〜六年続けています。健康のためにできるだけ散歩をしていますが、買い物に行く日は歩くのを少し控えています。

## 傾聴ボランティアは五十年前から

私は人から頼まれ事や相談をされたときは、自分にできる範囲のことであれば断ったことがありません。そのためでしょうか、鬱病の人が相談に来たり、愚痴を聞いてほしくて夜中に長電話をかけてくる人もいます。

現在は夫の介護で手いっぱいなので対応できていませんが、夫が比較的元気だった頃はできるだけ話を聴いてあげていました。聴いてあげれば、その人の気がすむと思って、聴いてあげるのですが、時にはアドバイスをしたり相談にのったりすることもありました。

最近は「傾聴ボランティア」というものが流行《はや》っているようです。

傾聴ボランティアとは、文字どおり「相手の話を聴く」ボランティア活動です。話を丁寧に熱心に聴いてあげるだけで、相手の心が軽くなったり、気持ちの整理ができたりする効果がありますね。

私はそれを五十年前からやっているので、よくわかります。始めた頃はまだ傾聴ボランティアなどといった言葉はありませんでしたが、私がやっていたことは傾聴ボランティアそのものでした。

私が長く介護をしているからでしょうか、相談事として一番多いのは、「親を家に引き取りたいが、自分も体力的に自信がないので、どうしたらいいかわからない」といった内容のものです。

相手の話を一通り聞いて、「そういうときはヘルパーさんに手伝ってもらえます」とか、「ケアマネジャーさんがいろいろ相談にのってくれます」とか、「お弁当も頼めます」など、いろいろな方法があることをアドバイスしています。

また、困っていることがあったら、社協（社会福祉協議会）に行って相談すれば福祉課の窓口の人がすぐ対応してくれることなども伝えています。この地域に長く住んでいても、こういうことを知っている人が意外と少ないのです。

## 楽しくなければ続けられない

夫は趣味にしろボランティアにしろ、私がやりたいと言ったことに対して、ダメと言ったことはありませんでした。今も自由にボランティアを続けられているのも、夫の理解と寛大さのおかげです。夫もボランティアの経験があるので、私の気持ちをよくわかってくれています。

とはいえ、病気の夫を放っておくのではなく、夫のことはきちんと済ませたうえで、時間を作って楽しくやっています。

夫も「楽しくなかったらボランティアをしてはいけない。イヤイヤやっていたら相手さんに悪いやろ」と言っています。長く続けられたのも楽しんでさせてもらっていたからだと思います。

夫が脳出血で倒れたときはボランティアをしばらく休みましたが、夫が歩けるようになり、留守番もできるようになってからは、夫も「（ボランティアに）行くといい」と言ってくれたので、再び行くようになりました。

そんな中、夫が三年前（二〇二〇年）に大腿骨《だいたいこつ》を骨折して車椅子の生活になってからは、ボランティアはひとまずやめて、夫の介護に専念するようになりました。

介護ベッド利用ではあるが自力で歩いていた頃

二〇二二（令和四）年、三重県知事より「ボランティア功労賞」をいただきました。そして、二〇二三（令和五）年十一月十三日、緑綬《りょくじゅ》褒章をいただくことになり、東京に行くことになりました。夫には施設でお泊まりしてもらいました。初めてのことで私は少し心配でしたが、夫にお願いしたところ、夫は気持ちよく「大丈夫」と言ってくれました。

# 第六章

# ああ、大腿骨骨折

# 原因不明の骨折

コロナ禍の二〇二一（令和三）年十二月一日、夫は大腿骨を骨折するというアクシデントに見舞われました。夫が八十七歳、私が八十一歳のときです。

あるとき夫が「この辺が痛いんや」と言いながら、腰を押さえながら食卓まで歩いてきたので、どうしたのかなと思いました。でもまさか骨折しているとは思わず、「もう少し様子を見ていようか。痛いんやったら救急車を呼ぶから」と言うと「大丈夫や」と言うので、しばらく様子を見ていました。

それから三日後、ちょうど脳外科の検診日だったので、先生に腰の痛みを伝えると、「じゃあ、ちょっとレントゲンを撮ってみましょう」と言って撮ってくださり、そこで初めて骨折が判明したのでした。

すぐに整形外科に連絡し、即入院となりました。それまで通院はしていましたが、入院は脳出血で倒れてから初めてでした。

それにしても、いつどこで骨折したのか？

家の中では転んでもいなかったので原因がわかりませんでした。

痩せて屈伸力も衰えていたので、もしかしたら便座に座るときにドーンと全体重をかけて座ったためかもしれません。それしか思い当たることがありませんでした。

## 施設には絶対入れたくない

入院したときに先生が、「六か月間リハビリ入院をして、その後は施設に入所するように」と退院後の生活についてレールを敷いてくれました。

整形外科とそういった施設は連携していて、退院した患者さんがスムーズに入所できるように便宜を図っているのだと思います。

けれども、私はそれまで二十数年間、自宅で介護してきたので、自分が動ける間は自宅で介護するつもりでしたから、そのことを先生に伝えると、「自分の年齢を考えなさい。あなたが動けなくなってから施設を申し込んでも空きがあるかどうかわからないのですよ」と叱られました。

それでも私は納得がいかなくて、カウンセラーの方に私の気持ちを一時間くらいかけてお話ししたところ、よくわかってくれて先生を説得してくれました。

先生に「本当に大丈夫ですね」と念を押されましたが、「何とかやってみます」とお答えして、無事退院することができました。


入院中はコロナ禍のために面会もできず可哀想でした。

リモートで初めて顔を見たとき、主人はワーッと声をあげて泣きました。一緒にいた孫の裕哉が、「じいちゃんの泣いている顔を見たのは初めてや」とびっくりしていました。

面会のあと、看護師さんに、「淋しかったんでしょうか」と聞くと、「いえ、感激のあまり泣いたのでしょう。心配いりません。あとは普通にしていましたから」と言っていました。コロナのために、しばらく面会もままならなかったので、夫も辛かったのでしょう。

## 退院後は生活が一変

施設には入れないで自宅で私が介護することになりましたが、入院する前と退院後とでは生活が一変しました。

まず一番大きな違いは、歩けなくなり車椅子の生活になったことです。

骨折するまでは家の中を一人で歩くことができましたし、私と一緒に外出することもできていましたが、車椅子生活になってからは、それまでできていたことがほとんどできなくなりました。

退院したばかりの頃、車椅子を私が押して自宅の近辺を散歩していましたが、ちょっとした坂があると帰りがきつくて、それも続けられなくなりました。その後は、夫の外出の機会は、ヘルパーさんと一緒にデイサービスに行くか、車で通院することしかなくなりました。

退院して四か月後の九月に、高血圧症で一か月ほど入院しました。このときは痛風が出て痛そうでした。

## 要介護3から4に

夫は骨折するだいぶ前から体力が衰えていたので、要介護認定は3から4になっていました。

要介護とは日常生活における基本的な動作が困難で、介護を必要とする状態のことを言います。要介護1~5まであり、数字が大きいほど重度になります。

要介護の場合、「介護サービス」が利用できます。サービスの種類としては、訪問介護やショートステイ、施設入所など、介護者の負担軽減につながるサービスです。

介護サービスは介護保険により原則１割（所得に応じて２〜３割）の自己負担額で利用できます。要介護度によって介護保険の支給限度額が決められています。

【要介護４の状態】

主人は要介護４ですが、要介護４の状態はだいたい次のような内容になっています。

①一般的に、昼夜を問わず常に介護が必要な状態
②排泄・食事・立ち上がり・着替え・入浴など日常の動作で介助が必要な状態
③認知症の症状（妄想、徘徊など）に起因する問題行動が多く見られる状態
④思考・理解力の低下により意思疎通が難しく、在宅介護では限界を感じる状態

## 急を要するときに使えないなんて……

介護保険制度ができてから、いろいろな介助サービスを受けられるようになったので、私のやっている介護に合わせて利用できるものは利用しています。

でも、介護タクシーは一か月前から予定を立てて利用できることから、急を要する病気になったときにお願いしようとしても、ほかの人の予約が入っていると受け入れてもらえないのです。やむを得ず施設のタクシーを頼もうとすると、それも予約でいっぱいで断られることがあります。

いろいろなところに電話でお願いして、何とか行けることがわかってから病院に電話をして、何時頃に行けばよいかうかがわなければなりません。そういったことが年々多くなり、心配も増えました。

救急車が利用できるような病気なら利用できるのでよいのですが、そうでない場合は本当に困ります。夫が自分の足で歩けさえすれば、いろいろな方が車を出してくれるのですが、なにしろ車椅子専用の車はたくさんあるわけではないものですから。

## 上手に立てる方法を発見

夫が慣れるまでは、何度も車椅子からズルズルーとずり落ちてしまうことがありました。自分の足で立てないので、そのたびに近所の人を呼んで押しあげてもらっていたのですが、ある日、いい考えを思いつきました。

古い毛布でもバスタオルでもかまいませんが、床に敷いて夫を座らせ、廊下の手すりのところまで引っ張っていって、手すりの棒につかまらせるのです。

両手でしっかり棒をつかんだら、今度は足をうんと後ろへやって曲げ、私の足も使って、「はい、お尻を上げて」とやると、立てることがわかったのです。お尻が汚れたときなども、この方法で立ってもらって拭いています。

## できるだけトイレで用を足したい

「用はできるだけトイレで足したい」と言うので、狭い廊下に手すりを設置しています。

昼間は前述した要領で手すりの棒につかまり、伝うようにして、自分で何とかトイレに行っています。

便は毎日わりとスムーズに出ています。

これまで頑固な便秘をしたことがなかったので下剤は使ったことがありません。めったにあることではありませんが、トイレに行くのが間に合わなくてオムツの中ですることもあります。

私は替えるのを何とも思わないので「やってもいいのよ」と言っているのですが、

本人としては気分が悪いみたいで、できるだけトイレに行こうとします。

また、尿の色やにおいがわからなくなるので、便器の洗浄剤とか芳香剤といった薬品もまったく使用していません。

尿の色が濃いときがあるので先生に聞いたら、濁っていたら心配だが、濁っていなければ大丈夫。水分をたっぷりとらせたらいいとのことでした。夫の場合、自分で尿意を感じるだけでいいと思っています。

おしっこは冬より夏のほうが多いようです。水分をよくとるからだと思います。

日中はリハビリパンツを着用していますが、本人は抵抗があるらしく、最初の頃は嫌がっていました。夜間、オムツを替えるとき、尿が少ないときはパットだけ替えます。

パンツは町が七千円補助してくれますが、それで賄うのはなかなか大変なのが現状です。

## 遠慮はいらないのに……

夫は食事のあとなどに急にトイレに行きたくなったとき、私が何か用をしていると、「ちょっとええかな?」と申し訳なさそうに言います。

「何? ウンチ?」

「そうだ」

遠慮していると出てしまうので、トイレに行きたければ「行きたい」とストレートに言えばいいのですが、いつもこうです。

狭い家なので食卓からトイレまでは大した距離ではありません。棒伝いに歩くのが遅いので、どうかすると間に合わないで出てしまいます。出てしまうとトイレでパンツを下ろして便器に座ったら便座が汚れてしまいます。なので「オムツの中でするか、それとも早めに言ってちょうだい」と言っています。でも夫はどうしても遠慮するのです。

夜中にオムツがぬれていても、私に遠慮して「寝とってくれ」と言うことが多いのですが、私は気になって寝られないので交換しています。パンツはぬれていなくても、パットはたいていぬれているのでパットだけ替えています。

その日一日便が出ていないときなど、夜中にすることがありますが、朝食後にすることが多いです。

私が小学校にドリルの丸つけに行って帰ってきたとき、帰ってくるのを待っていたように、「ばあちゃん、えらいことになった」と言ったことがあります。

私がすぐに察して、「ああ、便が出たん？　良かったやん。気持ちが悪かったよね」と言うと、夫は申し訳なさそうな顔をしていました。

「そんなこと気にすることないよ。それより食事するときに私が注意することを聞いてくれないことのほうがイヤよ」と言っているのですが、そちらのほうはなかなか……。

夫は、私に対していつも「ありがとう」と言ってくれます。私としては当たり前のことをしているので、「ありがとう」と言ってもらわなくてもいいのですが、感謝の気持ちが自然と言葉に出るようです。

デイサービスに行っていても、世話をしてくれる人たちに気をつかっているようですが、みなさんと話ができて夫には大きな気分転換にもなっています。スタッフの皆さまにはとても感謝しています。

## ケアマネさんに感心される

余談ですが、以前、ケアマネさんが家に来ているときに、夫が「ウンチ」と言うのでトイレに連れていったのですが、出なかったことがあります。

「せっかくここまで歩いてきたのに残念やったね」と私が言うと、「その言葉が良かった」とケアマネさんが言ってくれました。

普通はそういうふうに言わないで、「せっかくここまで来たのに、なんでやね」

と言う人が多いらしいのです。

「こういうこと、私としては普通です」と言うと、「ここに来ると、何か一つ勉強になるわ」と言ってくださいました。

## 顔まわりの手入れ

朝はまず夫の顔を拭いて、目やにを清浄綿で拭き取り、目薬をさしてから食事にかかります。たまに私が目やにを拭くのを忘れることがあり、そんなときは、「あのなあ、手が空いたら……」と言ってきます。目やにが出ていると見えにくいのでしょう。

「あっ、目やにやね。ごめん、ごめん」

でも、そんな回りくどいことを言わないで、「目やにを拭いてくれ」と言えばよいのですが、それも遠慮してしまうようです。

「何も遠慮することないよ。私はじいちゃんに長いこと食べさせてもらったんやから」

言うだけでなく、私はいつもそう思っています。

骨折してからは目やにが一日中出るようになり、乾くと目が開けられなくなって、本人はそれがとても憂鬱のようです。イライラすることも多く、通院を続けています。

病院で目やにを拭く清浄綿をもらっていますが、それだけでは足りないので市販のものも買っています。

目やにを拭く回数はその日によっても違いますが、その清浄綿で目だけでなくいろいろなところを拭くことができます。

脳出血の後遺症と加齢にともない、体の衰えが次々と出てきました。体重もぐんと減り、筋肉の力も弱くなって、同じ姿勢が持続できません。そこで体の負担をできるだけ軽くするために、車椅子のクッション、シーツ、マットレス、布団、枕、靴など、A社のものを使用しています。これらは息子と娘が買ってくれました。

　車椅子のクッションは初めの頃は八時間くらい座っていても大丈夫でしたが、筋肉の衰えのために腰が痛くなることがあるので、その場合はベッドで横になってもらっています。

# 第七章

## モットーは〝明るい介護〟

## 生活は規則正しく

私の仕事は、三度の食事の仕度のほかに、毎日服用する薬の分包、塗り薬を塗る、爪切り、髭剃り、目やにの清浄、室内の温度管理等々、細かいことが無限にありますが、時間を決めてやっているとパターンになり、当たり前のことになりました。

毎日のパターン

・午前二時頃、一度オムツを取り替える
・五時～五時半頃、またオムツを取り替える。ぬれていないときはパットだけ替え

る
・夫は六時頃起床。私は五時には起きている。夫はベッドから起きて歩きだすまでに二十分くらいかかる
・トイレに行き、小便をする。尿の色はどうかを私がチェックする。尿意はあるが動作が遅いので漏れることが多い
・食卓につき、顔を拭き、目やにを清浄綿で拭き取り、目薬をさしてから食事用のエプロンを付け、入れ歯をして食事にかかる
・フォーク、スプーン、箸を並べておく。夫はどれを使って食べればいいのか、すぐにはわからないので、その度に説明する
・お茶や薬なども私が促す
・食べた後は入れ歯を自分で外す。それを私が洗い、また入れるときもあるが、洗浄して置いておくこともある
・朝食は七時頃、昼食は十二時頃、夕食は六時から七時の間というように、三度の食事は時間を決めてとり、食べ物も血圧を下げる効果があると聞くものを食べて

もらっている
・毎朝食後、血圧測定をする
・午前十時と午後三時はおやつタイム。コーヒー、紅茶、ココア、日本茶など、そのときによって好きな飲み物を選んでもらう。骨折する以前は、お菓子や小さいケーキなどを食べていたが、骨折後は体を動かすことがあまりないので飲み物だけになった
・おやつの時間の前後、ゲームをしたり話をすることもある。長時間ゲームをするときはお尻が痛くなるので、時間を見ながらしてもらっている
・日中はリハビリパンツ（通称リハパン）をはいている
・入浴のない日（月、水、金、日）は、絞ったタオルで全身を拭いてやる。デイサービスはそれまでと同様に火曜日と土曜日に行き、そこで入浴させてもらう
・木曜日に二人のヘルパーさんに来てもらって、自宅のお風呂に入れている。ヘルパーさんたちとテレビで見たニュースやスポーツの話などをしながら入浴タイムを楽しんでいる

・目やにがよく出るので、そのつど清浄綿で拭き、目薬をさす
・就寝時間は午後十時頃。このとき最終のオムツを取り替える。飲み物もベッドの横に置いておく。ほぼ私が飲ませる
・体調によっては夜中に何度も便が出ているときがある。健康便が出ているかチェックする
・冬は暖房をしてあっても、本人は体温調節がうまくいかないのか「寒い」と思うらしい。でも頑張ってくれている

喉に力を入れて吐き出すことができないので、痰《たん》が取れずに、食事中でもむせることがあります。薬をもらっていますが、効きません。

「綿棒で取ってあげよう」と私が言うと、娘が聞いていて、「ばあちゃん、そんなことまでするの?」とびっくりしていました。

「うん、おじいさん（義父）にしてきたので、できるよ。あとは機械でスーッとしていたけど」と言うと、「私、とてもできないわ」と言っていました。

機械というのは介護用の痰吸引器のことです。いろいろな種類のものが市販されています。中には自動痰吸引器もあって、痰が溜まってくると自動的に取ってくれるそうです。

夫は吸引器を使わなければならないほどではないのですが、必要になれば医師に相談してみようと思います。

## 飲み薬について

飲み薬は毎日三回分の薬を、三食のあとに私が飲ませています。

錠剤の場合は潰さなければ飲めないようになると大変だと思いますが、今のところ錠剤も潰さなくても飲めています。

お皿の上に錠剤やカプセルを載せておくと、ぬるま湯で一粒ずつ飲みます。

朝は九つ、昼が五つ、夜は七つ。大きい粒もあるので、「これだけの量を飲むのが大変だったら、もう少し減らしてもらおうか？」と夫に聞いたら、「減らさなくてもいい」と言うので、量は減らしていません。

骨折する前までは頭の体操にもなるということで、薬を並べて朝・昼・晩と自分で分けていましたが、骨折してからはそれがまったくできなくなり、私がやってあげています。

今までは病院のいろいろな診療科で、それぞれ薬をもらっていましたが、最近は泌尿器科でも、一応、薬はくれるのですが、量がどんどん少なくなってきました。

薬剤師さんに聞いたら、「（夫の場合）もう薬を使っても治りませんから（薬は必要ない）」と言われました。九十を過ぎると、こんなものなのかと思っています。

どの科の先生からも「とにかく食べるものをしっかり気をつけてやってください」と言われるので、それだけは一生懸命やってきました。

## 「めまい」に効く薬はない

いつ頃からかはっきりしないのですが、夫は度々「めまい」がするようになったので、耳鼻科の先生に診てもらいました。

先生が言われるには「めまいは急に動くとなるものなので、耳鼻科では治りません。特に寝起きするときはいきなり動かないで、ゆっくり動くようにしてください」とのこと。

一応、漢方薬をもらってきましたが、粉末の漢方薬を飲むのは大変で、この間もむせて全部こぼしてしまいました。

脳外科の先生にその話をしたら、「脳出血の薬でちょっとめまいが治まる薬があるので、そちらに替えてみますか」と言われたので、替えてみることにしました。

ところが、薬剤部でその薬をいただくときに薬剤師さんに、「めまいは薬を飲んだからといって効くものではないですよ」と言われ、そういえば耳鼻科の先生も同じようなことを言っていました。今はめまいの薬は飲ませていません。

「寝るときは、ベッドに横になったら、そのままゆっくり仰向けになるようにしたらならないと思うよ」と私も夫に言っているのですが、その〝ゆっくり〟の動作がうまくできないのです。

めまいがあるときは「ああ、回ってきた、回ってきた！」と夫は言います。寝ている状態ですし危険もなさそうなので、それほど心配していません。

ただ、危険がないように、ベッドの周りにはラジオとテレビのリモコンとティッシュペーパーのみ置いています。

「ラジオは当たったら危ないよ」と注意したことがあるのですが、「置いておいてくれ」と言うので置いています。

ラジオからはいろいろなニュースや情報が入ってくるので、夫にとっては大切な社会との接点〟危険だからといって取りあげるのはかわいそうです。

夫は寝ているときにラジオをよく聴いているので、私よりも多くのことを知っています。「こんなことをラジオで言っとったで。ばあちゃん、知っとったか」などと食事をしながら話しています。

ベッドの部屋にはテレビもありますが、テレビを見るときは居間で見ています。私もほかに用事がないときは一緒に見るようにしています。

二人とも相撲が好きで、場所中はほとんど欠かさずに見ます。私たちが応援するのは日本人の小柄な力士です。小さい体でひと回りも大きいような力士に果敢にぶつかっていく姿を見ていると、応援したくなるのです。

## 息子のサポートに感謝

コロナが落ち着いてきた頃、ようやく海外から自由に日本に来られるようになり、二〇二二（令和四）年の十一月に、息子が二週間ほど休暇をとって帰ってきてくれました。

滞在中は夫にぴったり寄り添い、車椅子を押して町内を散歩したり、車椅子用のレンタカーを借りてドライブしたり、喫茶店にも連れていってくれました。

「じいちゃん、喫茶店に行こうか」と息子が声をかけると、パッと顔を輝かせました。しばらく喫茶店には行くことができなかったので、嬉しかったのでしょう。

トイレの手すりの一部が足りなかったので大工さんに来てもらって付けようと思っていたら、息子が気づいて、道具屋さんに棒を買いに行って付けてくれました。

息子は思いつく限りの孝行（世話）をしてくれて、帰っていきました。

息子がイギリスに戻って二週間ぐらい経った頃、検診日だったので病院に行くと、先生に「清水さん、今日は何だか元気だね」と言われました。それで息子と過ごしたことをお話しすると、「それは良かった。その元気を続けるんだよ」と励ましてくださいました。

夫は、息子が頑張っているから自分も頑張らなくてはと元気をもらったようです。

先日、息子から「休暇をとって、また行くよ」と連絡がありました。次の年もまた来てくれるそうです。

息子ももう六十三歳なので第一線から退いていると思います。たくさんお金も使うので申し訳ないと思うのですが、あの子の気持ちをありがたいと思っています。息子がこちらに来るのをイヤな顔をしないで、気持ちよく出してくれるお嫁さんにも感謝しています。

二〇二三年にも夫と私のために仕事を休んで二週間来てくれました。また、フランスにいる孫も来てくれました。夫はとても喜びました。

## 不眠症は相変わらず

義父を我が家で引き取ったことは前述しましたが、夜中にちょっとでも物音がすると義父に何かあったのではないかとすぐ目を覚ますことが習慣になり、それは今でも続いています。眠りも浅く、だんだん眠れなくなっていたのです。

どんなに疲れていても眠れないので、医者から睡眠導入剤をもらって飲むようになりました。三日間は寝ないでも平気ですが、四日目は吐き気がしてきて、自分でもこれはダメだと思い、そんなときは薬を飲んで寝るようにしています。

先生から「朝起きて、頭が重いようだったら睡眠不足だが、それほどでもなかったら睡眠は足りていると思ってよい。薬はできるだけ飲まないほうがいい」と言われていますが、どうしても眠れないときは薬に頼っています。

義父を引き取ったとき、義父は七十七歳ぐらいで、亡くなったのが八十三歳でしたので、私が実際に介護をしたのは五～六年でしたが、紙オムツも介護保険もなかった時代なので大変でした。

私は義父の行動をずっと日記につけていました。当時はまだ認知症というのが一般的ではない頃でしたので、認知症を研究している人に、「論文を書くのでその日記を見せてほしい」と言われ、「お役に立つのなら」と渡したこともあります。

## 私の体もボロボロ

二〇一八（平成三十）年の秋頃、庭で草取りをしていたときに急に足が痛くなりました。私は以前から草取りなどをしたあとに、よく腰が痛くなり接骨院へ行っていたので、またかと思い接骨院へ行きました。

診察の結果、問題なさそうだということで、その日は治療も何もなく、帰宅しました。

そして、二日目に診てもらったとき、先生に「清水さん、昨日より痛そうだね」と言われ、その帰りに左下半身が腰からかかとにかけてキーンと痛みだし、やっとの思いで帰宅しました。

すぐタクシーを呼んで整形外科へ行くことにしたのですが、乗るのもやっと、移動中も痛くてたまらず、医院に着くなり車椅子で運んでもらいました。

レントゲン、ＭＲＩ、採血などいろいろな検査をして調べてもらった結果、腰に近い肋骨の下の方にヒビが入っていることがわかりました。

要するに、私の体は使いすぎでどうしようもないとのこと。

それから三か月間はほぼ寝たきりで過ごしました。娘も心配してよく来てくれ、家事を手伝ってくれました。

買い物はコープに頼んで配達してもらっていたので何とかなりましたが、夫の世話をする人は私しかいないので、食事の仕度は痛みをこらえながら、流し台にもたれて何とかやっていました。夫は心配してくれましたが、どうすることもできず、私の様子を見守っているだけでした。

その間、整体や整形外科などへ治療に行きましたが、痛みはなかなか引きませんでした。

## どうしても立ちたかった最後の舞台

痛みをこらえながらも気になっていたのは日舞の舞台のことでした。

私が関わっていた日舞は二年ごとに大きな発表会があり、その舞台を間近に控えていた時期だったのです。

私はそのとき八十歳、これが最後の舞台になると思い、どうしても出たいと医師に伝え、痛み止めの注射をしながら舞台を踏むことができました。

私が出演する時間だけ夫のことを介護の人にお願いして、白塗りのまま自宅に送ってもらい、最後の舞台は終わりました。

子どもの頃から続けてきた日舞は、夫が骨折してからはひとまず中断していますが、老人会や誕生会などで呼んでいただくので、そのときは踊らせてもらっています。

日舞も私が習っているときは古典舞踊ばかりでしたが、こちらに来てからは「古典舞踊は歌詞がわかりにくい」ということで「新舞踊」でした。

新舞踊とは、日本の伝統芸術である日本舞踊（古典舞踊）をもっとわかりやすく親しみのあるものにしたものです。日本舞踊で流れる謡曲とは違い、演歌、歌謡曲、民謡といった、現代に馴染みのある曲に、自由に振り付けを創作して踊るのです。

夫の脳出血後に舞台に立つ

# おわりに

私の介護は長い間続いています。

当たり前のことかもしれませんが、夫も私も年々歳をとっています。夫はテレビを見ながら居眠りをしていることもあります。対面で話をすれば、よく話してくれますが、こちらの言うことは上の空。自分から話をしに来ていながら、私が何か違ったことを言うと、自分は何を話しに来たのか忘れることも多いです。

介護を続けていくためには私自身の体調管理も大切なのですが、私のことはどうしても二の次になります。

私がまだ体力のあった六十代、七十代は何とかなりましたが、八十を過ぎて腰を痛めてからの夜中のオムツ取り替え、トイレの介助、水分補給などは正直のところ辛いこともあります。

息子や娘は「あまり無理をしないで」と、とても心配してくれています。私の体調がいつも万全ならばよいのですが、病気をしたり気分のすぐれない日もあります。そんなときは体が思うように動かず、何もしたくありません。でも、夫を介護できるのは私だけなのです。

弱音を吐かず、くよくよしないで、前を向いて……。

こう言って自分を励ましながら夫の介護を続けてきました。

私も二〇二三（令和五）年の十一月で八十四歳になりました。少しでも楽しみを見つけながら生きていきたいものです。

気が張っているのでまだまだ大丈夫。私の体が続く限り介護は続けていくつもりです。

夫は私のことをよく理解してくれ、趣味にしろ何にしろ私が望むことを自由にさせてくれました。子どもたちや孫たちにとっても良き父、優しいおじいちゃんでした。そんな夫の愛をいっぱい受けて、私たち家族は幸せに過ごしてきました。そのお返しだと思って、私は介護をさせてもらっています。

夫は私にとって最高の伴侶です。今度生まれ変わってきても、また、この人と一緒になりたいと思っています。

最後に、いま介護の真っ最中の方、あるいはこれから介護をしようとしている方に私から申し上げることがあるとすれば、「重荷に思わず、前向きであってほしい」ということです。

これが介護歴二十七年の私の気持ちです。

介護をしていると新しい課題がいくらでも出てきますが、それに自分が挑戦できるかどうかです。

「負けない、めげない」の気持ちで、一緒に頑張っていきましょう。

二〇二四年二月　清水益女

**著者プロフィール**

**清水 益女**（しみず ますみ）

1939年11月24日生まれ
兵庫県加古川市出身

**花開く日々** 私が続けている明るい介護とボランティア

2024年５月15日　初版第１刷発行

著　者　清水 益女
発行者　瓜谷 綱延
発行所　株式会社文芸社
〒160-0022　東京都新宿区新宿１－10－１
電話　03-5369-3060（代表）
03-5369-2299（販売）

印刷所　株式会社フクイン


ISBN978-4-286-24865-3